OFFENBACH

Fotonachweis: Stadtarchiv Offenbach am Main: S. 6-10, 12-31, S. 32 (rechts), S. 33-35, S. 36 (unten), S.37-41, S. 43-51, S. 54, S. 56-58, S. 62-65; Stefan Eckerlein: S. 11; Berliner Illustrierte Zeitung: S. 32 (links); Ruth Jöckel: S. 36 (oben); Eugen Lux: S. 42, 52; Gebr. Metz, Tübingen: S. 53; Slg. G. H. Köhler: S. 55; Kochmann: S. 59; H. Meisert: S. 60, 61, 66; Latzke: S. 67; G. Wegemann: S. 68-71

1. Auflage 1996
Umschlaggestaltung: Norbert Städele
Alle Rechte vorbehalten, auch die des auszugsweisen Nachdrucks und der fotomechanischen Wiedergabe.
Druck: Bernecker, Melsungen
Buchbinderische Verarbeitung: Hollmann, Darmstadt
© Wartberg Verlag GmbH
34281 Gudensberg-Gleichen, Im Wiesental 1, Tel. 05603 / 4451 u. 2030
ISBN 3-86134-321-5

Hans-Georg Ruppel

OFFENBACH

Bilderreise durch ein Jahrhundert Stadtgeschichte

Wartberg Verlag

Inhalt

Vorwort — S. 5

Aufschwung nach den Gründerjahren (1871–1900) — S. 6

Von der Jahrhundertwende bis zum Ende des Ersten Weltkrieges (1900–1918) — S. 18

Zwischen Monarchie und Diktatur (1918–1933) — S. 30

Unter nationalsozialistischer Herrschaft (1933–1945) — S. 42

Neuaufbau und Wirtschaftswunder (1945–1960) — S. 54

Die Stadt verändert ihr Gesicht (1960–1995) — S. 64

Vorwort

Nachdem mit dem Bildband über das „Verlorene Stadtbild" das „historische" Offenbach dargestellt wurde, widmete sich ein zweiter Band unter dem Titel „Die Fünfziger Jahre" dem rasanten Wiederaufbau Offenbachs nach den Zerstörungen des Zweiten Weltkrieges. Das nun vorliegende Buch „Offenbach – Bilderreise durch ein Jahrhundert Stadtgeschichte", soll die Zeit seit der Reichsgründung in Bildern einfangen. Ein Spaziergang, der einen Eindruck von den offiziellen Ereignissen und Höhepunkten vermitteln soll, aber auch vom Alltag der Menschen in Offenbach. Vieles von dem, was die Bilder erzählen, besteht nicht mehr: So ist das alte Stadtbad verschwunden und die Lokalbahn wie auch die Straßenbahn fahren nicht mehr und sind der City-Trasse der S-Bahn gewichen. Manches ist in seiner ursprünglichen Nutzung verändert worden, wie der ehemalige Schlachthof oder das frühere Parkbad. Was von der Altstadt die Bombennächte des Zweiten Weltkrieges überstand, mußte dem Durchbruch der Berliner Straße weichen und an Stätten traditioneller Offenbacher Industrien stehen heute Wohngebäude. Nach der Großstadtwerdung (1954) vollzog sich ein langsamer, aber stetiger Wandel von der Industrie- zur Dienstleistungsstadt. Die Industriezweige, die die Stadt einmal berühmt machten, wie die Metall- oder Lederwarenbranche, sind fast vollständig verschwunden. An ihre Stelle sind mannigfache Bereiche des Dienstleistungsgewerbes getreten. Ausdruck dieses Wandels sind die Bürobauten im Kaiserleigebiet.

Viele der Fotos sind vorher noch nicht veröffentlicht worden, manche wurden dem Stadtarchiv freundlicherweise überlassen, dafür sei herzlich gedankt. So legen die Bilder Zeugnis ab vom „alten" Offenbach, so wie es einmal war, zeigen aber auch die tiefgreifenden Veränderungen, die das Stadtbild erfahren hat.

Hans-Georg Ruppel

Aufschwung nach den Gründerjahren

Offenbach, das sich jahrhundertelang im Besitz des Isenburg-Birsteiner Grafen- bzw. Fürstenhauses befand, gelangte als Folge des Wiener Kongresses 1816 an das Großherzogtum Hessen-Darmstadt.

Von Großherzog Ludwig I. zur „Landesfabrikstadt" erhoben, erfuhr der Ort einen raschen wirtschaftlichen Aufschwung. Unterstützt wurde die Entwicklung durch den Bau einer Schiffsbrücke am Isenburger Schloß, die die Verbindung der Provinz Starkenburg mit Oberhessen unter Umgehung der Freien Reichsstadt Frankfurt ermöglichte. 1821 wurde eine Handelskammer eingerichtet und zwischen 1828 und 1835 wegen der Zollvereinsquerelen die Frankfurter Messe in Offenbach abgehalten. Seit 1848 verkehrte die Lokalbahn zwischen Offenbach und Frankfurt. Begünstigend war, daß in Frankfurt die Zünfte, aus Gründen der Existenzsicherung der Handwerker, sowohl die „Einrichtung von Fabriken" wie auch das „Aufstellen von Maschinen" mit Macht zu verhindern suchten. Nicht wenige Frankfurter wandten sich deswegen nach Offenbach und gründeten hier neue Fabrikationsbetriebe. Es entwickelte sich vor allem die Metallbranche mit ihren verschiedenen Bereichen, die Leder- und Lederwarenindustrie, die chemische Industrie (einschließlich der Lacke und Farben) und die Druck- und Tabakbranche.

Damit einher ging eine sprunghafte Erhöhung der Einwohnerzahlen. Wohnten im Jahre 1825 lediglich 7.147 Personen in Offenbach, so war die Zahl 1852 auf 13.087 gestiegen. 1871 waren es bereits 22.622, im Jahr 1885 31.943 und an der Jahrhundertwende zählte man 50.468 Einwohner.

Der Krieg von 1866, der auch das Ende der Freien Reichsstadt Frankfurt brachte, beeinträchtigte allerdings das Wirtschaftswachstum in erheblichem Maße. Vor allem die Maschinenindustrie erlitt Verluste, der Seifenindustrie fehlte der Absatz fast vollständig und auch das Geschäft der Leder- und Galanteriewarenindustrie war so gut wie zum Erliegen gekommen.

Erst nach der Reichsgründung 1871 zeichnete sich ein allgemeiner Aufschwung ab. Der Maschinenbau gewann zunehmend an Boden und die chemische Industrie, die Textil- bzw. die Lederwarenindustrie hatten mit der Herstellung hochwertiger Produkte große Erfolge. Auch im Baugewerbe setzte eine gesteigerte Nachfrage nach Wohnungen und Fabrikräumen ein, was zur Folge hatte, daß sich „in Wohlstand gekommene Maurermeister zu Bauunternehmern aufschwangen".

Zwischen 1871 und 1873 stieg das Lohnniveau stark an, es kam zu einem Wettlauf um die Arbeitskräfte. Und es gab auch die ersten Arbeitskämpfe: Getrieben von dem Wunsch nach festen Arbeitsentgelten erstritten die Arbeiter, geleitet von den kurz zuvor gegründeten Fachorganisationen (z. B. Buchbinder und Portefeuiller), erste Tarifverträge und die Festlegung der wöchentlichen Arbeitszeit auf 60 Stunden.

Pavillon der Landesgewerbeausstellung 1879

Ein wirtschaftlicher Höhepunkt dieser Epoche war zweifellos die 1879 in Offenbach vom 2. Juli bis 6. Oktober abgehaltene Hessische Landesgewerbeausstellung auf dem Gelände am Dreieichpark. Unter der Schirmherrschaft von Großherzog Ludwig IV. beteiligten sich neben 238 Firmen aus Offenbach auch Betriebe aus 99 anderen hessischen Orten. Noch heute sind Betonmodelle aus dieser Ausstellung im Park zu sehen.

Auch die Verkehrsverhältnisse, wichtig für die Mobilität der Arbeitnehmer und den Güterverkehr, verbesserten sich in dieser Epoche bedeutend. Zu der bereits bestehenden Lokalbahn kam 1873 der Anschluß Offenbachs an die Frankfurt-Bebraer-Bahn. Als dritte Schienenverbindung nach Frankfurt verkehrte ab 1884 die Straßenbahn, die anfänglich von der Frankfurt-Offenbacher-Trambahn-Gesellschaft (FOTG) betrieben wurde und die durch ihre damals noch rumpelnde Fahrt schnell den Beinamen „Knochemiehl" bekam.

Politisch war Offenbach von den Reichstagswahlen ab 1871 zusammen mit dem Landkreis Offenbach und dem Landkreis Dieburg zu einem Wahlkreis zusammengefaßt. Führend waren hier zunächst die Nationalliberalen, aber schon 1881 kam es zu einer Wende, als der Sozialdemokrat Wilhelm Liebknecht das Mandat gewann und 1884 behauptete. Ab 1890 zog dann Carl Ulrich, der spätere Staatspräsident, für die SPD in den Reichstag ein, was zur Folge hatte, daß der Wahlkreis Offenbach-Dieburg alsbald als der „rote" Kreis bekannt war. An der Jahrhundertwende konnte man Offenbach ohne Übetreibung eine moderne Stadt nennen. Sie besaß drei Schienenverbindungen (Lokalbahn, Frankfurt-Bebraer-Bahn, Straßenbahn), das 1887 erbaute Hallenbad (Stadtbad) diente als Vor-

1871–1900

Das Mainvorgelände entsteht

bild für andere Bäder im Deutschen Reich und das 1894 eingeweihte Krankenhaus war vorausschauend geplant und eingerichtet. Mit der Einweihung der Mainbrücke hatte Offenbach 1887 eine feste Verbindung zum Fechenheimer Ufer bekommen und anläßlich der Einweihung wurde Bürgermeister Brink zum „Oberbürgermeister" ernannt.

Mit der in den Neunziger Jahren durchgeführten Kanalisierung des Mains hatte der nördliche Teil der Stadt sein Gesicht verändert: Nach der Aufschüttung des Mainvorgeländes konnte die Mainstraße angelegt und die Herrnstraße vom Linsenberg her durchgebrochen werden. Verflogen war allerdings schon der Hauch von „Bad Offenbach", der nach der Entdeckung der „Kaiser-Friedrich-Quelle" im Jahre 1888 einmal die Stadt durchweht hatte.

Außenansicht und Schwimmhalle des alten Stadtbades (Fotos oben und Mitte)

Stadtkrankenhaus (Foto unten)

Kinderstation des Stadtkrankenhauses (Foto rechts)

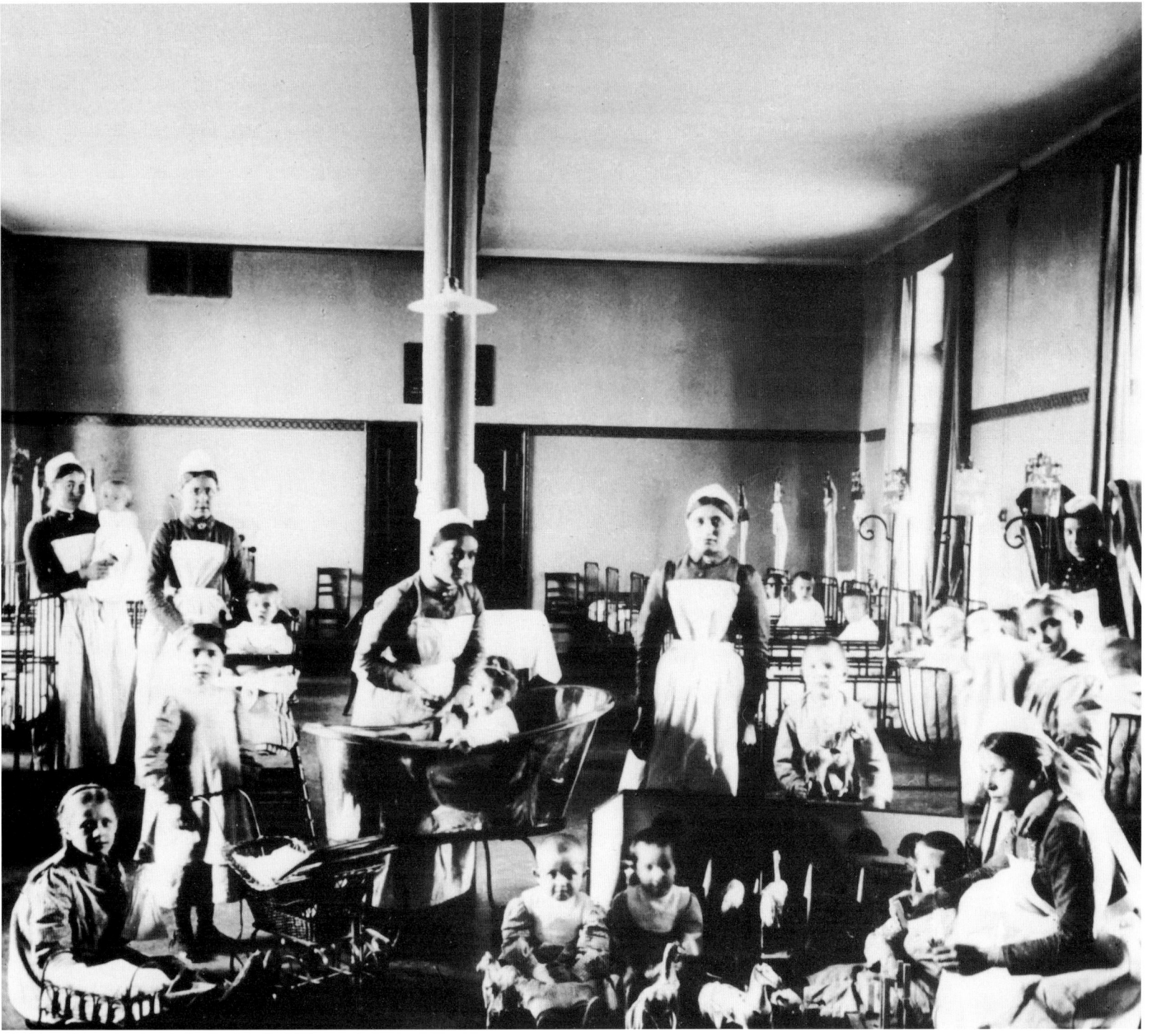

Nordfassade des Isenburger Schlosses (Aufnahme um 1890)

Südfassade des Isenburger Schlosses mit Schloßhof (Aufnahme um 1890)

1871–1900

Altes Offenbacher Schlachthaus (1832–1904) am Isenburger Schloß (Foto links)

Haus der Holzhandlung Joh. Schmidt & Sohn in der Schloßstraße 48 (Foto rechts)

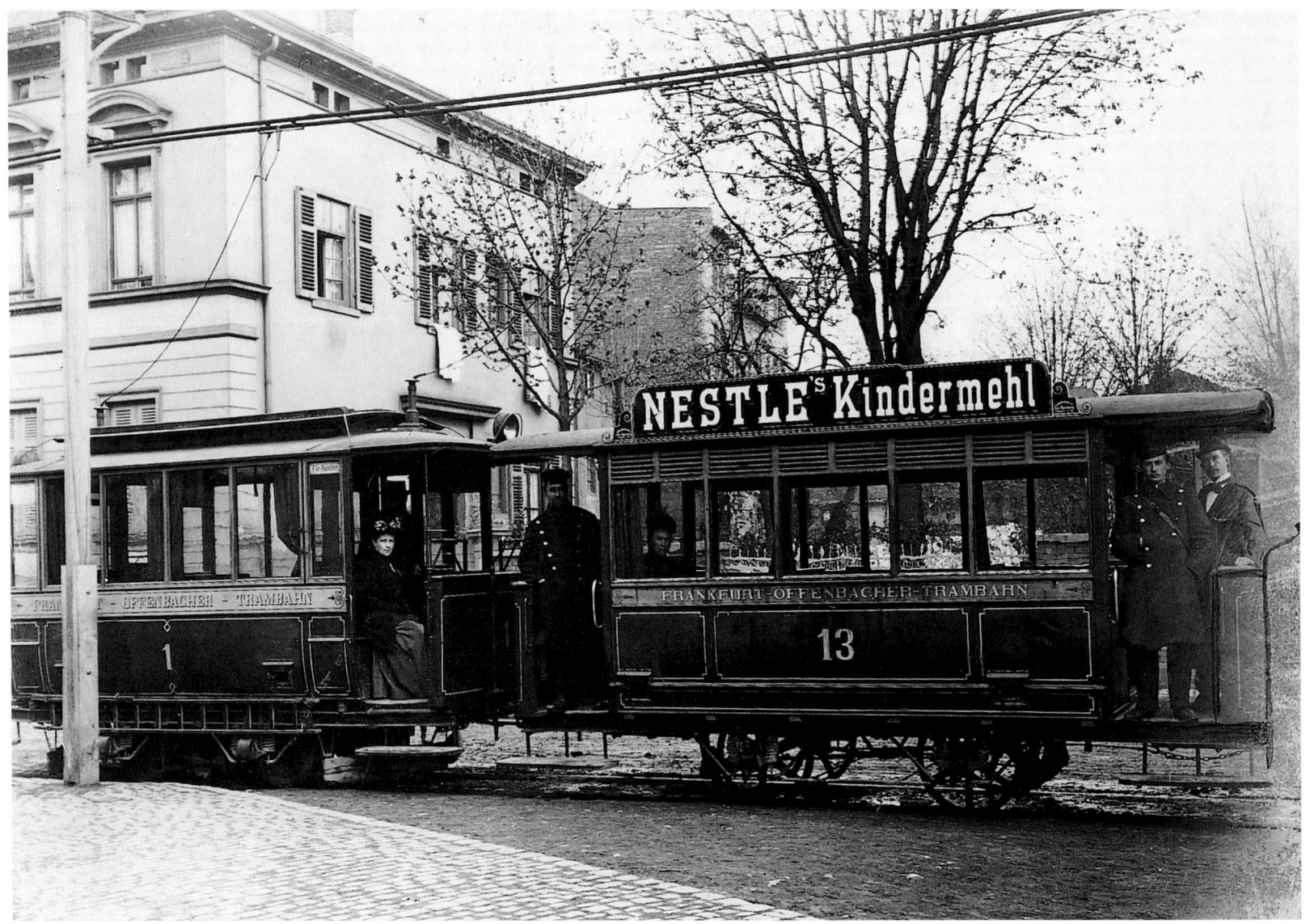

Die „Knochemiehl" am Mathildenplatz (Aufnahme 1899)

Mitarbeiter der Frankfurt-Offenbacher-Trambahn-Gesellschaft (FOTG)

1871–1900

Markt mit Uhrtürmchen (Blick nach Norden, Aufnahme ca. 1902, Foto links)

Die Kaiser-Friedrich-Quelle als Anziehungspunkt zahlreicher „Kurgäste" (Aufnahme um 1890, Foto oben)

Von der Jahrhundertwende bis zum Ende des Ersten Weltkrieges

Das Jahr 1900 brachte für Offenbachs Wahrzeichen, das Isenburger Schloß, einen neuen Besitzer: Gegen das Gebot einer Bank erwarb der hessische Staat die Immobilie samt den später verschwundenen Gebäuden auf dem Schloßplatz. Die Weiterführung der Mainkanalisation verhalf Offenbachs Wirtschaft kurz nach der Jahrhundertwende zu einem weiteren Fortschritt: Im Jahre 1902 wurde der Hafen als moderner Umschlagplatz eröffnet. Jahrzehnte später sollte er einmal „Offenbachs schmutzige und stinkende Hintertür" genannt werden. Im gleichen Jahr konnte auch das städtische Elektrizitätswerk seinen Betrieb aufnehmen. Nachdem das alte, seit dem Jahr 1832 genutzte Schlachthaus am Schloß, für die gewachsenen Bedürfnisse zu klein geworden war, wurde 1904 am Buchhügel ein neuer Schlachthof eingeweiht. Die Anlagen waren für eine Bevölkerung von 100.000 Einwohnern bemessen, bei Bedarf hätte man sie sogar für die doppelte Zahl erweitern können. Bereits vor der Jahrhundertwende hatte der „Ausschuß des Vereins für Volksvorlesungen" angeregt, eine öffentliche Lesehalle einzurichten. Am 12. Februar 1901 war es schließlich soweit: Im Gebäude der ehemaligen Lateinschule in der Herrnstraße wurde die Einrichtung eröffnet. „Tüchtigkeit und Kraft wolle man erzielen helfen", hieß es in einer Rede. Seit 1907 befand sie sich in den historischen Räumen des Isenburger Schlosses. Große Veränderungen bedeuteten die Jahre 1906 und 1907 für Offenbachs kommunalpolitische Landschaft: Zunächst wurde Leonhard Eissnert (SPD), den man später den „Vater der Anlagen" nannte, zum unbesoldeten Beigeordneten gewählt. Trotz großer Widerstände wurde er vom Großherzog als erster Sozialdemokrat in einem derartigen Amt bestätigt. Dann wurde Dr. Andreas Dullo gegen

Vereinshaus des 1901 gegründeten Rudervereins „Hellas"

den Widerstand bürgerlicher Gruppen zum Nachfolger von Wilhelm Brink ins Amt des Oberbürgermeisters gewählt (1907) und am 18. November brachten die Wahlen zur Stadtverordneten-Versammlung einen knappen Sieg der Vereinigten Bürgerparteien über die Sozialdemokraten. Im gleichen Jahr übernahm die Stadt den Betrieb der Straßenbahn-

Damals noch ebenerdig verlaufender Bahnübergang in der Waldstraße (Aufnahme um 1900)

linie 16 auf der Strecke (Alter) Friedhof-Landesgrenze. Auch die Eingemeindung Bürgels kündigte sich an: Sie sollte erfolgen „an dem auf die Betriebseröffnung der elektrischen Bahn von Offenbach nach Bürgel folgenden 1. April", so § 1 des Eingemeindungsvertrages. Am 20. Oktober 1907 fuhr erstmals die Linie 26 bis zur Schule und seit dem 1. April 1908 war Bürgel ein Vorort Offenbachs. Offenbach wuchs damit um knapp 6.000 Einwohner und zählte im Jahre 1910 über 75.000 Bewohner! Große Veränderungen zeigten sich im Stadtbild: Am Schloßplatz wurden 1909 die alten Gebäude niedergelegt, um Platz für den Neubau der Technischen Lehranstalten zu schaffen. Darunter befand sich auch der ehemalige Marstall, der seit 1832 das städtische Schlachthaus beherbergt hatte.

Im Jahr darauf begannen die Bauarbeiten an dem von Prof. Hugo Eberhardt entworfenen Fabrikgebäude der Lederwerke Mayer & Sohn in der Mainstraße. 1911 bezog die „Oberrealschule am Friedrichsplatz" ihr neues Schulgebäude in der Waldstraße und im gleichen Jahr entstand am Wilhelmsplatz ein schmuckes Marktmeisterhäuschen. Auf dem Platz selbst hatte schon im Jahre 1903 Fernando Schmitt seinen „Kinematographen" aufgestellt und bewegte Bilder vorgeführt. Und es wurden Kirchen gebaut: Nachdem die Notkirche St. Marien 1911 niedergelegt worden war, wurde der Neubau an der Bieberer Straße 1913 geweiht; in den Folgejahren erhielten die Protestanten zwei neue Gotteshäuser, die Friedenskirche in der Geleitsstraße (1912) und die Lutherkirche in der Waldstraße (1913). Schließlich wurde die neuerbaute Synagoge am 16. April 1916 eingeweiht und kurz nach dem Ende des Ersten Weltkrieges mit dem Abriß des alten jüdischen Gemeindezentrums samt Synagoge an der Hintergasse/Große Marktstraße begonnen. Von 1915 an durften Offenbachs Bürgerinnen und Bürger gegen eine Spende Nägel in den „Eisernen Mann" schlagen, der auf dem Aliceplatz aufgestellt war; zwei Jahre später wurde das Ledermuseum offiziell gegründet und im gleichen Jahr starb der Lederfabrikant und zweite jüdische Ehrenbürger Offenbachs, Ludo Mayer. Noch kurz vor seinem Tod hatte er durch eine großherzige Spende dafür gesorgt, daß ein nach dem Großherzog benannter „Ernst-Ludwig-Brunnen" auf dem Schloßplatz aufgestellt wurde. Der Beliebtheit seines Spenders war es zu verdanken, daß ihn der Volksmund aber rasch in „Ludo-Mayer-Brunnen" umbenannte.

Erste Mannschaft des OFC „Kickers" 1901 auf dem Sportgelände Heylandsruhe (Aufnahme 1911)

Buntpapierfabrikant Rudolf Engel mit Familie

Wagen der Straßenbahnlinie 27 am damaligen Depot Friedhofstraße (Aufnahme 1916)

Der Wilhelmsplatz im Jahre 1905 (rechts Blick in die Bieberer Straße nach Westen)

1900–1918

Blick in die Bieberer Straße vom Markt aus nach Osten (Aufnahme 1914)

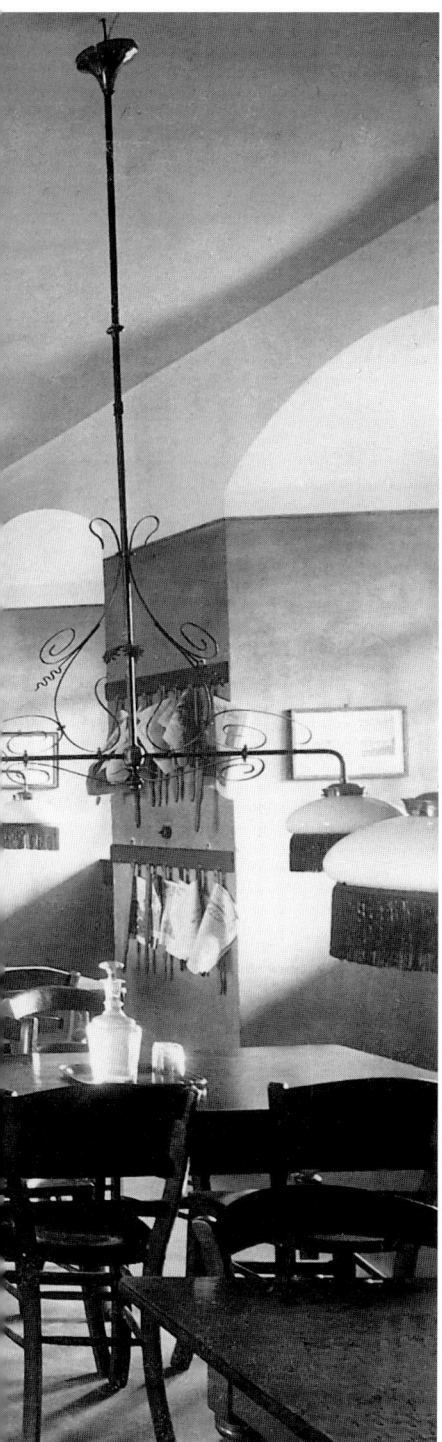

Lesesaal der Stadtbücherei im Isenburger Schloß (Aufnahme um 1910, Foto links)

Büsing-Palais mit nördlichem Seitenbau vor dem Umbau (Aufnahme um 1900, Foto oben)

Foto oben: Lagerhof der Kaiser-Friedrich-Quelle in der Frankfurter Straße (Aufnahme ca. 1912)

Foto Mitte: Mitarbeiterinnen der Kaiser-Friedrich-Quelle an den Füllmaschinen (Aufnahme ca. 1912)

Foto unten: Mitarbeiterinnen in der Städt. Obstverwertungsstelle (Aufnahme 1915)

Foto S. 27: Kaufhaus Hugo Oppenheimer Ecke Frankfurter Straße und Markt, rechts ist noch der Schreibwarenladen J. P. Strauß, Schloßstraße 1, zu sehen (Aufnahme 1915)

Die Strackgasse in Bürgel (Aufnahme ca. 1913)

Der „Hof" in Bürgel, bis 1802 Sitz der Schultheißen (1938 abgebrochen)

Zwischen Monarchie und Diktatur

Als am 9. November 1918 Kaiser Wilhelm II. abdankte, wurde noch am Abend in Offenbach im Saal des Restaurants „Lindenfels" ein Arbeiter- und Soldatenrat gebildet. Er bestand aus vier Ausschüssen: Dem Aktionsausschuß, dem Sicherheitsausschuß, dem Militärausschuß und dem Ernährungsausschuß. Vorsitzender wurde der Redakteur des „Offenbacher Abendblattes", Georg Kaul. Auf ihn ging auch die Polizeigewalt über.

Um die Aufrechterhaltung der Ordnung zu gewährleisten rief der Arbeiter- und Soldatenrat zur Einrichtung einer Bürgerwehr auf.

Über 2.000 Offenbacher waren im Krieg gefallen, darunter 25 jüdische Soldaten. Die Stadt wurde nach den Bestimmungen des Waffenstillstandes neutrale Zone; das Regiment der „168er" wurde im Dezember 1918 nach Butzbach verlegt.

Um den Zahlungsverkehr weiter aufrechtzuerhalten, begann die Stadtverwaltung das vorher als „provisorisch" herausgegebene Notgeld durch „endgültiges" zu ersetzen.

Erholungsbedürftigen Kindern ermöglichte das Kartell der freien Gewerkschaften im Schloß Seeheim ab Frühjahr 1919 eine vierwöchige „Sommerfrische", später wurden auch von der Stadtverwaltung Kriegswaisen und andere bedürftige Kinder auch nach Bad Soden-Stolzenberg, Bad Kreuznach oder Bad Nauheim verschickt. Ostern 1919 kam es zu einem blutigen Ereignis, das als „Karfreitagsputsch" in die Offenbacher Geschichte eingehen sollte: Nach einer Rede des Offenbacher KPD-Vorsitzenden Wilhelm Eisenreich am Nachmittag des 18. April zog eine vielköpfige Menschenmenge zur Kaserne in der Bieberer Straße. Der Versuch, das Gebäude zu stürmen, geriet zu einem Blutbad, denn die dort versammelten Soldaten eröffneten das Feuer auf die Demonstranten. 17 Personen starben an diesem „Blutigen Karfreitag", Eisenreich wurde als Hauptverantwortlicher verhaftet und zu einer langjährigen Zuchthausstrafe verurteilt.

Anfang April bis Mitte Mai des darauffolgenden Jahres besetzten Einheiten der französischen Rheinarmee Offenbach und das Untermaingebiet bis zu einer Linie Hanau-Seligenstadt. Die Stadt stand unter Belagerungszustand und Einreisen waren nur mit einem französischen Visum möglich.

Nach dem verheerenden Hochwasser, das Offenbach mit Bürgel und Rumpenheim im Januar 1920 heimsuchte, faßten die Stadtverordneten noch im gleichen Jahr den Beschluß zum sofortigen Bau eines Hochwasserdammes. Nach den arbeitslosen Lederarbeitern, die ihn als Notstandsarbeiten errichteten, hieß er alsbald nur noch der „Portefeuillerdamm" und bewährte sich bereits beim nächsten Hochwasser zur Jahreswende 1925/26. Die zweite größere Baumaßnahme war die Höherlegung der bis dahin noch ebenerdig im Stadtgebiet verlaufenden Frankfurt-Bebraer-Bahn. Als am 13. August 1925 der erste Zug den neuen Gleiskörper befuhr, waren Wartezeiten an den Bahnschranken und die Gefahr von Unfällen gebannt.

Als einen „Ehrentag der Kickers" bezeichnete die Offenbacher Zeitung die Sportplatzeinweihung auf dem Bieberer Berg am 29. Mai 1921. Das Freundschaftsspiel gegen Wacker München ging allerdings mit 3 : 5 verloren.

Zuteilungskarte für Brot 1920

Städtisches Notgeld 1923

1918–1933

Die Hafenbahnkreuzung in Richtung Bürgel während des Hochwassers von 1920

Olympiasiegerin Helene Mayer, umgeben von Mitschülerinnen

Die Stadtverwaltung erhielt 1921 mit dem Büsing-Palais, das sie im Jahr zuvor erworben hatte, endlich ein repräsentatives Rathaus.

In den ersten Jahren nach Kriegsende kam es immer wieder zu erbitterten Arbeitskämpfen: Im Frühjahr 1922 streikten die Metallarbeiter für 13 Wochen, im Juni/Juli 1924 die Portefeuiller und 1925 war durch einen Streik in der chemischen Industrie das Werk Oehler betroffen. Im Sommer 1920 gab es Auseinandersetzungen wegen der schlechten Qualität des Brotes; im Februar 1922 entstanden wegen des Streiks der Eisenbahner Schwierigkeiten bei der Versorgung der Bevölkerung mit Fleisch und Kartoffeln. Eine gewisse Stabilisierung trat durch die Einführung der Rentenmark ein, was aber nicht nachhaltig beseitigt werden konnte, war die Wohnungsnot. Mitte der Zwanziger Jahre waren über 1.700 Familien ohne Wohnung, und die Stadt wuchs: Von 74.000 Personen im Jahre 1919 stieg die Einwohnerzahl auf über 81.000 im Jahre 1930 an.

Im Sport wurde der Name Offenbach weltweit ein Begriff als auf der Olympiade 1928 in Amsterdam die Fechterin Helene Mayer, Mitglied des Offenbacher Fechtclubs, die Goldmedaille im Damenflorett errang. Die im Jahre 1929 einsetzende Weltwirtschaftskrise war auch in Offenbach stark zu spüren: Im Juni wurden mit 9.050 Personen 40,5% mehr ohne Arbeit als im Jahr zuvor gezählt; bei den Krisenunterstützungsempfängern entfielen auf 1.000 Einwohner im Reich 4,7, in Offenbach dagegen 18!

Pessimistisch, aber auch prophetisch, beurteilte der Präsident der Industrie- und Handelskammer, Willi Heyne, die Lage am Ende des Jahres 1930, als er die Gefahr beschwor, von der kapitalistischen Wirtschaftsweise zu einer Art Planwirtschaft zu gelangen und eine Entwicklung vorausahnte, die zu einem Ringen zwischen Rechts und Links führen würde. Etwas über zwei Jahre später war das Ringen entschieden, als auch auf dem Offenbacher Rathaus, dem Büsing-Palais, die Hakenkreuzfahne gehißt wurde.

Reklamemarke der Feinseifen- und Parfümeriefabrik M. Kappus (gegr. 1848)

Büsing-Palais, von 1921–1943 Rathaus der Stadt

Marktfrauen auf dem Offenbacher Wochenmarkt (Foto oben)

Blick auf den Offenbacher Hafen mainabwärts (Aufnahme um 1925, Foto rechts)

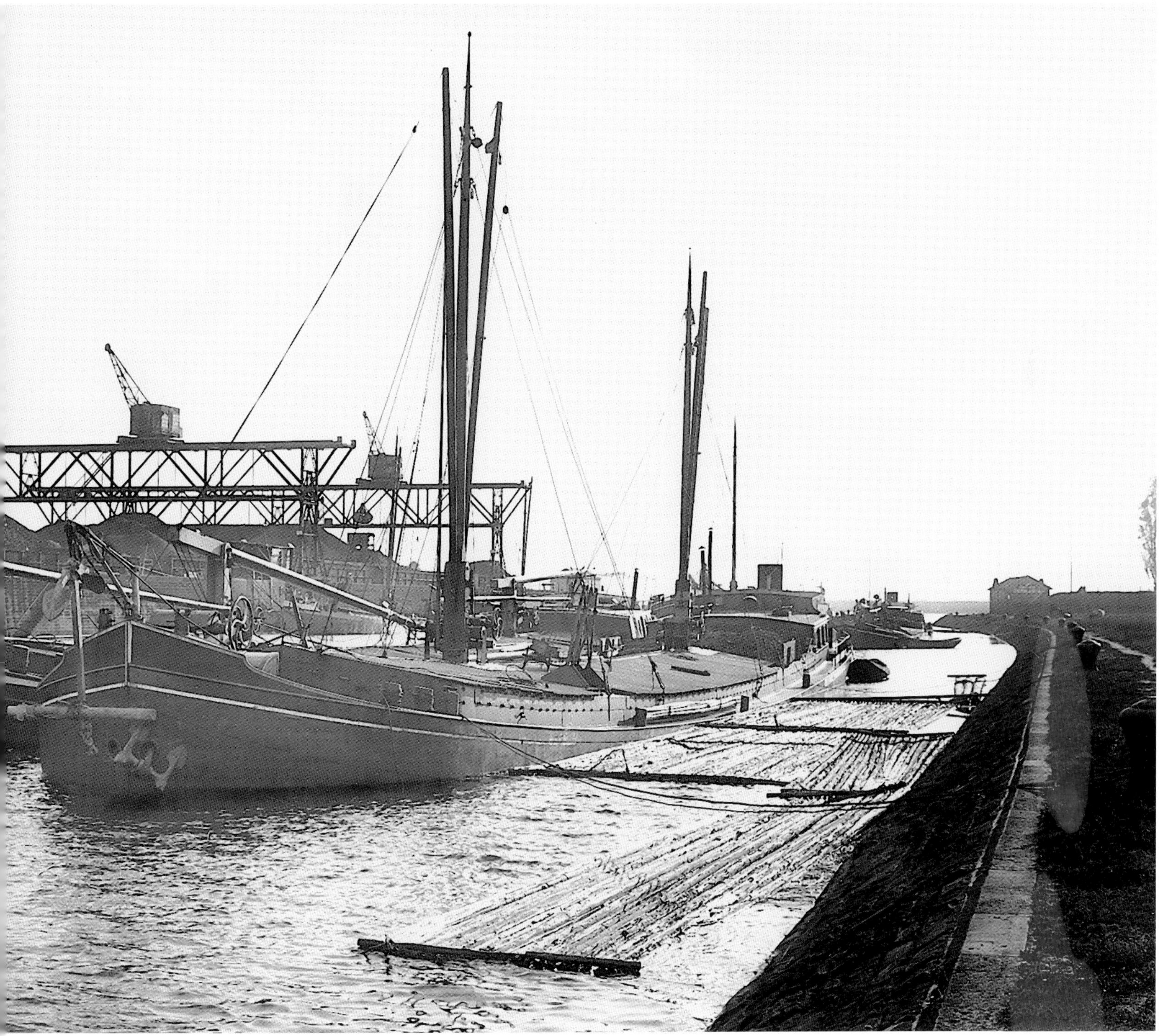

Corso-Lichtspiele in Bürgel, Offenbacher Landstraße (Aufnahme um 1930, Foto oben)

Fahrzeuge der Offenbacher Müllabfuhr im Fuhrpark Gerberstraße (Foto unten)

Chemie-Werk Oehler (heute Hoechst AG) von Norden aus gesehen (Aufnahme ca. 1914, Foto rechts)

1918–1933

1918–1933

1918–1933

Städt. Schlacht- und Viehhof, 1904 eröffnet und 1990 geschlossen (Foto links)

Hauptbahnhof von der Kaiserstraße aus gesehen (Foto oben)

1918–1933

Blick in die Frankfurter Straße nach Westen von der Kreuzung Kaiserstraße aus

Markt mit Blick nach Süden in die Waldstraße. Links das Kaufhaus Berger & Schmelzer, im Hintergrund die Gasthäuser „Zum Lämmchen" (Mitte) und „Zum goldenen Engel" (rechts)

Unter nationalsozialistischer Herrschaft

Bei den letzten Reichstagswahlen, die am 5. März 1933 stattfanden, und durch die bereits einsetzenden Verfolgungen beileibe keine „freien" Wahlen mehr waren, errangen die Nationalsozialisten 17.838 Stimmen (30,5%) und damit die Mehrheit vor den Sozialdemokraten und den Kommunisten, die 16.933 (30,1%) bzw. 10.317 Stimmen (18,1%) erhielten. Am Wahlabend wurde der Reichsbanner-Mann Christian Pleß von einem SA-Mann erschossen.

Nachdem es schon am 11. März zu einem Warenhausboykott gekommen war, wurden durch Aufruf der Reichsleitung der NSDAP am 1. April auch in Offenbach „jüdische Geschäfte, jüdische Waren, jüdische Ärzte und jüdische Rechtsanwälte" boykottiert.

Regimegegner aus Stadt und Kreis wurden in das KZ Osthofen (bei Worms) gebracht und das sozialdemokratische „Offenbacher Abendblatt", das schon im März tageweise nicht erscheinen durfte, am 3. Mai verboten, nachdem dessen Chefredakteur Georg Kaul tags zuvor Selbstmord begangen hatte. Am gleichen Tag hatten SA-Trupps das Gewerkschaftshaus in der Austraße besetzt.

Für den 22. Mai lud der „Kampfbund für Deutsche Kultur" zu einer „Richard-Wagner-Feier" ein, zu deren Abschluß eine „Feierliche Bücherverbrennung und Schloßbeleuchtung" stattfand. In der Einladung hieß es, „Bücher undeutschen, gemeinen Inhalts" seien in der Stadtbücherei abzuliefern, wo der „Unrat" gesammelt wurde, zwei Tage vorher hatte die „Offenbacher Zeitung" eine Liste der „anstößigsten Verfasser" veröffentlicht.

Nachdem die Verdrängung der Juden aus dem Wirtschaftsleben zunächst nicht konsequent betrieben wurde, kam es ab Herbst 1937 zu einer massiven „Arisierung" jüdischer Geschäfte und Betriebe. Um Scheinübertragungen von jüdischen Betrieben an „Arier" zu verhindern, wurde reichsweit eine „Verordnung gegen die Unterstützung der Tarnung jüdischer Gewerbebetriebe" erlassen.

Die jüdische Gemeinde selbst, die 1933 noch 1.435 Mitglieder hatte (höchster Stand war im Jahre 1910 mit 2.361 Personen), ging durch die Zwangsmaßnahmen erheblich zurück. Auch in Offenbach kam es am 10. November 1938 zum Pogrom: Die Synagoge in der Goethestraße/Ecke Kaiserstraße wurde angezündet, die Inneneinrichtung zerstört, das Gebäude blieb jedoch erhalten. Zahlreiche Juden, darunter die führenden Köpfe der Gemeinde wie Rabbiner Dr. Dienemann oder Rechtsanwalt Dr. Guggenheim, wurden in das KZ Buchenwald gebracht. Es kam zu Ausschreitungen und Plünderungen jüdischer Geschäfte. Wieviele jüdische Einwohner Offenbachs umkamen, konnte nicht genau ermittelt werden, die Zahl von über 400 dürfte jedoch nicht zu hoch gegriffen sein. 1943 war die jüdische Gemeinde ausgelöscht.

Das Jahr 1938 brachte für Offenbach zwei größere Einschnitte auf kommunaler Ebene: Zum 1. April wurde nach einem Erlaß des Reichsstatthalters die Gemeinde Bieber mit damals über 6.000 Einwohnern eingemeindet und zum 1. November wurde Offenbach ein eigener Stadtkreis mit knapp 85.000 Einwohnern.

Erkennungsmarke für die Offenbacher Bevölkerung im Zweiten Weltkrieg

Unter der Überschrift „Wie im Ernstfall" kündigten die „Offenbacher Nachrichten" für den 13. Juni 1939 einen großen Fliegeralarm an, bei dem u. a. „keine Fahrzeuge in das Stadtgebiet hereingelassen" wurden – zehn Wochen später war der Ernstfall da und im Jahr darauf fielen die ersten Bomben auf Offenbach.

Auch in Offenbach waren Kriegsgefangene und

Aufmarsch auf dem Wilhelmsplatz, den die Nationalsozialisten in „Platz der SA" umbenannten

Zwangsarbeiter in großer Zahl bereits kurz nach Kriegsbeginn beschäftigt. Nach einer Studie dürften annähernd 4.000 Personen aus Polen, den Benelux-Ländern, Frankreich und der Sowjetunion unter teilweise erbärmlichen Umständen in über 50 über das gesamte Stadtgebiet verteilten Lagern untergebracht und zumeist in „kriegswichtigen" Betrieben tätig gewesen sein.

Noch im Jahre 1940 wurden von Prof. Werner March, Berlin, dem Schöpfer der Olympia-Anlagen, Pläne erarbeitet, „das gesamte Sportleben Offenbachs in einer großen Gemeinschaftsanlage zusammen zu fassen".

1933–1945

Dem Programm, das „nach Kriegsende in fünf Jahresabschnitten durchgeführt werden soll", machte der weitere Verlauf des Krieges ein Ende. In den Jahren 1943 (20. Dezember), 1944 (18. und 20. März, 5. November und 11. Dezember) und 1945 (8. Januar und 17. Februar) wurde Offenbach von schwersten Luftangriffen getroffen. 467 Personen fielen dem Luftkrieg zum Opfer, darunter 53 Zwangsarbeiter und Kriegsgefangene.

Noch am 22. Februar 1945 wurden drei mit dem Fallschirm abgesprungene amerikanische Flieger einer B-24 Liberator von Polizeibeamten erschossen.

Am 7. März wurde der Straßenbahnverkehr eingestellt, zwei Tage darauf fielen die letzten Bomben auf Offenbach und am 25. März sprengten zurückgehende deutsche Truppen die noch intakte Mainbrücke.

Als amerikanische Truppen der 6. Panzerdivision und der 90. Infanterie-Division am Nachmittag des 26. März Offenbach besetzten, fanden sie eine zu fast 40% zerstörte Stadt vor. Große Teile der Altstadt lagen in Schutt und Asche und viele historische Gebäude war ganz oder teilweise zerstört (Büsing-Palais, Isenburger Schloß, Rumpenheimer Schloß).

Noch am Tage der Besetzung ernannten die Amerikaner den Verwaltungsdirektor Fritz Reinicke zum kommissarischen Oberbürgermeister und Karl Uebel zum kommissarischen Landrat des Kreises Offenbach.

Das Kaufhaus Hugo Oppenheimer ging am 1. Mai 1936 in „arischen Besitz" über

Blick in die Kaiserstraße vom Hauptbahnhof aus

1933–1945

Der „Holzmannblock" mit der Birkenlohrstraße im Vordergrund (Foto links)

Umbau der Mainbrücke (Aufnahme 1934, Foto rechts oben)

Die berühmte „S-Kurve" (Offenbacher Straße) in Bieber (Aufnahme 1938, Foto rechts unten)

1933–1945

Die Synagoge an der Goethestraße, 1916 eingeweiht und 1938 von den Nationalsozialisten geschändet (Foto oben)

Frankfurter Straße nach einem Luftangriff (vom Markt aus nach Westen gesehen, Foto rechts)

1933–1945

1933–1945

Markt zwischen Frankfurter Straße und Großer Marktstraße (Foto links)

Zerstörtes Büsing-Palais (Fotos oben, links und rechts)

1933–1945

Kreuzung Frankfurter und Kaiserstraße nach Kriegsende (im Hintergrund die Dresdner Bank, Foto rechts)

Schaffnerinnen im „Kriegshilfsdienst", der im Anschluß an den weiblichen „Arbeitsdienst" zu leisten war

Blick auf den Markt in Richtung Süden, im Vordergrund ein Straßenbahnzug der Linie 16

Neuaufbau und Wirtschaftswunder

Zwei Tage nachdem die deutschen Verwaltungsspitzen eingesetzt waren, etablierte sich auch die amerikanische Militärregierung. Sie residierte fortan im Gebäude des vormaligen Amtsgerichts in der Kaiserstraße 16 und schuf die Voraussetzungen für einen demokratischen „Neuanfang".

Eine der ersten Amtshandlungen war die Verhängung eines Ausgehverbotes für die deutsche Bevölkerung. Es erlaubte den Menschen, nur kurze Zeit vor- und nachmittags die Straßen zu betreten, ab Mai wurde es auf die Nachtstunden beschränkt.

Schon Mitte April 1945 wurden die Banken wieder geöffnet und am 3. Mai erschienen die „Amtliche(n) Mitteilungen für die Stadt und den Landkreis Offenbach a. M.". Zentrale Themen waren die Ernährungslage, die Wohnungsfrage und die Neugestaltung der öffentlichen Fürsorge. Damit befaßte sich der „Beratende Ausschuß", ein von der Militärregierung berufener provisorischer Bürgerausschuß, der unter dem Vorsitz von Heiner Galm einmal wöchentlich tagte. Daneben versammelte sich vom 17. Mai an einmal in der Woche eine „Gewerkschaftsleitung".

Am 5. Juni konnten die Straßenbahnlinien 16 und 27 in der Stadt ihren Betrieb wieder aufnehmen, es dauerte aber noch bis zum 18. Juli, ehe wieder eine Bahn bis nach Sachsenhausen verkehrte.

Die Militärregierung gestattete, am 22. Juli ein öffentliches Konzert in den Anlagen am Dreieichring abzuhalten, eine Woche später trafen die Mannschaften des VfL Neu-Isenburg und der Offenbacher Kickers auf dem Bieberer Berg zu einem „Fußballwettspiel" aufeinander und am 18. August fand wieder eine Kino-Aufführung statt: In „deutscher Sprache" wurde im Gloria-Theater der Streifen „Die ewige Eva" gezeigt. Es dauerte noch bis zum 17. September, ehe die Schulen wieder geöffnet werden konnten. Inzwischen waren von der Militärregierung über 300 Bedienstete der Stadtverwaltung, die der NSDAP angehört hatten, entlassen worden.

Im Laufe des Herbstes 1945 wurden die demokratischen Parteien zugelassen: Im September gründeten sich SPD, KPD und AP (Arbeiterpartei), im November die CDU und im Dezember schließlich die LDP (später FDP).

Das erste Stadtparlament wurde am 26. Mai 1946 gewählt. Damals galt noch eine Fünfzehn-Prozent-Hürde, die nur von SPD (11 Sitze), CDU (8 Sitze) und AP (5 Sitze) übersprungen werden konnte.

Nur zögernd konnte mit dem Wiederaufbau begonnen werden: So dauerte es z. B. bis August 1947, ehe die wiederhergestellte Mainbrücke für den Verkehr freigegeben werden konnte.

Eine große Sorge bereiteten die von der Militärregierung verfügten Demontagen. In Offenbach standen die Firmen Kappus, Stöhr und Lavis „auf der Liste" und im Frühjahr 1948 wurden Maschinen aus allen drei Werken abtransportiert. Im Sommer des gleichen Jahres kam mit der Währungsreform auch eine neue Wirtschaftsordnung, die „freie Marktwirtschaft".

Mit der Ausstellung „Lederwarenindustrie und Marshallplan", die im Oktober 1949 im Theater an der Goethestraße abgehalten wurde, erlebte Offenbach den Beginn einer neuen „Messe-Ära". Aus der Schau entwickelte sich die Internationale Offenbacher Lederwarenmesse.

Gerade auf diesem Sektor deutete sich allerdings ein Wandel an, denn die Zahl der Lederwarenunternehmen, die schon vor dem Zweiten Weltkrieg gesunken war, nahm noch weiter ab. Die Zunahme im

Die Straßenbahn fährt wieder

Linie 27 in der Kaiserstraße, im Hintergrund die noch nicht wieder aufgebaute Kirche von St. Paul

Rohstoff- und Absatzhandel auf dem Lederwarensektor glich die Verluste jedoch mehr als aus.

Im August des Jahres 1954 wurde der 100.000ste Bürger geboren – Offenbach war Großstadt. Im gleichen Jahr wurde das neue Verwaltungsgebäude der Bundesmonopolverwaltung für Branntwein bezogen, 1958 das Zentralamt des Deutschen Wetterdienstes in Betrieb genommen.

Offenbach erhielt neue Schulgebäude, eine neue Stadtbücherei und das Klingspor-Museum – und einen Anschluß an die Bundesautobahn Frankfurt-Würzburg. Verabschieden mußten sich die Offenbacher allerdings von einer Einrichtung, an die sie seit dem Jahre 1848 gewohnt waren, denn 1955 startete die Lokalbahn nach Frankfurt-Sachsenhausen zu ihrer letzten Fahrt.

Sportlich standen zwei Niederlagen am Anfang und am Ende der Fünfziger Jahre: 1950 verloren die Offenbacher Kickers das Endspiel um die Deutsche Fußballmeisterschaft mit 1 : 2 Toren gegen den VfB Stuttgart und 1959 unterlagen sie der Frankfurter Eintracht, gleichfalls in Berlin, mit 3 : 5 nach Verlängerung.

Das zerstörte Landgrafenschloß im 1942 eingemeindeten Stadtteil Rumpenheim (Foto oben)

Am 17. September 1945 beginnt in den Offenbacher Schulen wieder der Unterricht (Foto rechts)

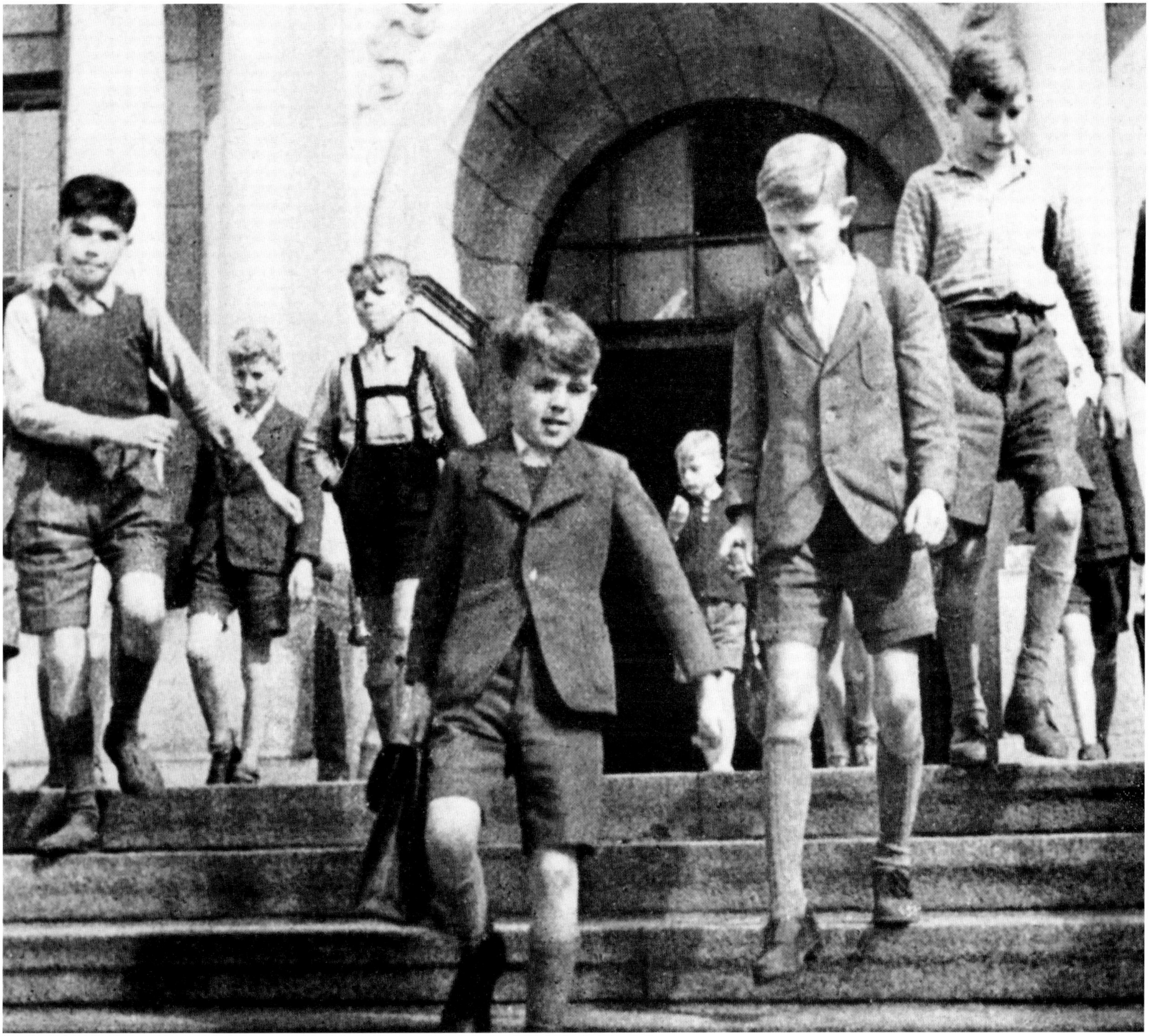

1945–1960

Der provisorische Steg über die zerstörte Mainbrücke (Aufnahme 1946, Foto oben)

100 Jahre Lokalbahn Offenbach-Frankfurt (1948, Foto rechts)

1945–1960

1945–1960

Internationale Offenbacher Lederwarenmesse (Foto links)

Ein bedeutender Industriezweig war in Offenbach die Metallverarbeitung (Foto rechts)

1945–1960

Die Mannschaft des OFC „Kickers" 1901 im Meisterjahr 1949

Sonderfahrkarte
Lokalbahn Offenbach (Main) — Frankfurt (Main)

16. April 1848

1. Oktober 1955

107 Jahre unentwegt hat sie sich hin und her bewegt, sie hat befördert groß und klein, auch manchen voll mit Äppelwein

Letzte Fahrt der seit 1848 verkehrenden Lokalbahn von Offenbach nach Frankfurt-Sachsenhausen

Die Stadt verändert ihr Gesicht

Mit den Schlagworten „Vollbeschäftigung" und „Wohlstandsgesellschaft", die die ersten Nachkriegsjahrzehnte bestimmten, ging eine Neugestaltung der „jungen Großstadt", wie Offenbach gern apostrophiert wurde, einher.

Es war klar, daß zunächst der Wohnungsbau im Vordergrund stand: In den schon in den Fünfziger Jahren fertiggestellten Neubauvierteln der Carl-Ulrich-Siedlung bzw. der Vorderwald-Siedlung fanden rund 2.700 Menschen ein neues Heim. Es folgte die Bebauung der Puteaux-Promenade und die Errichtung der Hans-Böckler-Siedlung zwischen Bürgel und Rumpenheim; 1965 wurde der Bebauungsplan für das Wohngebiet Bieber-West und das Waldhof-Gebiet (Industrie- und Wohngelände) beschlossen.

Inzwischen war das Sportzentrum auf der Rosenhöhe seiner Bestimmung übergeben worden (1963) und das Rumpenheimer Schloß von der Kurhessischen Hausstiftung an die Stadt Offenbach übergegangen (1964). Im Norden der Stadt wurde 1964 mit der Kaiserleibrücke eine zweiter Übergang über den Main geschaffen und im Süden konnte 1966 dank großzügiger Zuwendungen aus dem rot-weißen Sportförderungsprogramm die Stadthalle eingeweiht werden.

Zielstrebig ging man auch an den Bau von Altentagesstätten. Ein Musterbeispiel für das Engagement der Bürger war der Bau des Rentner-Tagesheims (späteres „Frieda-Rudolph-Heim") am Rande des Büsing-Parks. Vierzig Bauarbeiter, angeführt von Wilhelm Marschall, errichteten es in kostenloser Arbeitsleistung und in der Stadt machte damals das Wort vom „Offenbacher Marschallplan" die Runde.

Aber es wurde nicht nur gebaut, es mußte auch abgebrochen werden: Für die bereits 1949 vorgesehene und seit 1954 fluchtlinienmäßig ausgewiesene Ost-West-Verkehrsader (Berliner Straße) tat der damalige Oberbürgermeister Georg Dietrich am 5. April 1960 an der Glockengasse den ersten Spatenstich. Nach elfjähriger Bauzeit war die „Durchbruchstraße" mit der endgültigen Freigabe am 11. November 1971 fertiggestellt. Für die durch die Stadt geschlagene breite Schneise, damals als „Prachtstraße" gefeiert, mußten Teile der einstigen Altstadt zwischen Schloßstraße und Großem Biergrund weichen. Als das „Werden einer City" wurde die Schaffung der zweiten Ebene und des Hugenottenplatzes bezeichnet, die 1972 nach umfangreichen Baumaßnahmen im Bereich von Frankfurter Straße, Herrnstraße, Berliner Straße, Marktplatz, Schloß- und Ziegelstraße entstanden waren. Alles wurde überragt vom neuen Rathaus, mit dem 1971 die Stadtverwaltung nach jahrzehntelangen Behelfslösungen endlich ein neues Domizil erhielt.

Im Süden wurde mit dem Ausbau von Odenwaldring (freigegeben 1962) und Taunusring (freigegeben 1970) ein durchlaufender Verkehrsweg um das

„Omega-Haus" am Kaiserleikreisel

Blick zur Kleinen Marktstraße. Hier entstand das erste Offenbacher Parkhaus

Stadtgebiet vollendet, der zugleich einen Zubringer zur Autobahn A 661 bildete.

Bei aller Wachstumseuphorie, die die bauliche Neu- und Umgestaltung begleiteten, waren aber auch tiefgreifende Veränderungen in der wirtschaftlichen Struktur der Stadt nicht zu übersehen: Traditionell in Offenbach ansässige Industriezweige, die auch das Image der Stadt mitgeprägt hatten (Leder und Maschinenbau), verschwanden nach und nach. Firmen wie Haid & Neu (Nähmaschinen, 1963), Gebr. Heyne (Schrauben, 1967), Mayer & Sohn (Lederherstellung, 1968), Becker/Bürgel (Lederherstellung, 1970), J. Mönch (Metall, 1971), Friedrich Schmaltz (Schleifmaschinen, 1972), Collet & Engelhard (Maschinen, 1973) oder Peter Schlesinger (Metall, 1974) erloschen. Im Jahre 1973 schloß mit der Lederfabrik Hoffmann die letzte der früher so zahlreichen Gerbereien ihre Tore. Die Stadt bewegte sich hin zu einem Dienstleistungszentrum mit inzwischen mehr als 50% Beschäftigten in diesem Bereich.

Ein- und auspendeln konnten die in Offenbach tätigen Menschen seit Mai 1995 mit der S-Bahn. Noch 1972

1960–1995

wurde in der Lokalpresse „Der Grabstein für die City-Linie" gesetzt, in den Jahren 1980 (Stadtparlament) bzw. 1983 (Landesregierung) fielen dann allerdings die Würfel für eben diese „City-Trasse". Die Strecke im Stadtgebiet vom Kaiserleikreisel über zwei weitere Haltestationen in der Innenstadt bis zum Ostbahnhof wurde als die „eindeutig bessere Lösung" gegenüber der von der Bundesbahn favorisierten Bahntrasse bezeichnet. Damit kam aber nach 112 Jahren das endgültige Aus für die einzige oberirdische Schienenverbindung nach Frankfurt. Die Traditionslinie „16", letzte noch verbliebene Straßenbahnlinie in Offenbach, mußte im Sommer 1996 ihren Dienst einstellen.

Eindrucksvolles Zeugnis für die Veränderungen in Offenbach legt das 1994 eingeweihte „Omega-Haus" am Kaiserleikreisel ab. So können sich die Zeiten ändern: Im späten 19. Jahrhundert beinahe zur Kurstadt avanciert und lange Zeit d i e Industriestadt von Großherzogtum und Volksstaat Hessen, macht sich die Stadt nun auf, ein modernes Dienstleistungszentrum zu werden.

Bootstaufe durch Oberbürgermeister Georg Dietrich (Foto rechts)

Der hier geborene Schauspieler Joseph Offenbach mit Ehefrau Ria vor dem Brunnen am Parkbad (Foto S. 67)

1960–1995

1960–1995

S-Bahn-Bau in der Berliner Straße (nach Osten)

Offenbacher Hafenpartie

1960–1995

Parkbad (1961 eingeweiht) und das noch nicht wiederaufgebaute Büsing-Palais (1984 eingeweiht, Foto oben)

Blick auf Tempelsee und die Stadthalle (Aufnahme 1971, Foto rechts)

1960–1995

Weitere Bildbände über Offenbach aus dem Wartberg Verlag

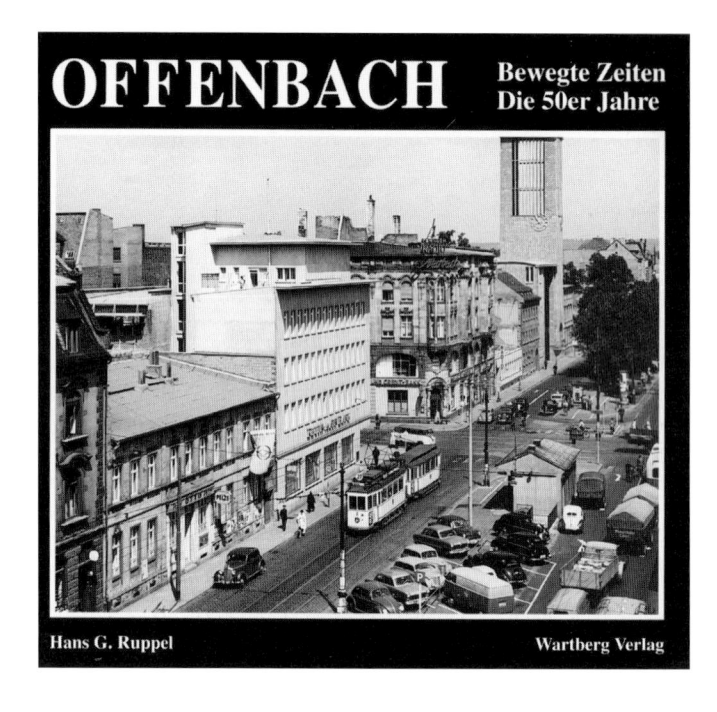

Hans-Georg Ruppel
Offenbach
Ein verlorenes Stadtbild
72 Seiten, geb., ca. 80 SW-Fotos, ISBN 3-86134-206-5
Ein Stadtbild vergangener Tage aufzublättern, bringt einen Hauch Wehmut mit sich, aber auch Freude am Entdecken und Erinnern. Hans-Georg Ruppel berichtet mit seinen beeindruckenden historischen Fotografien vom alltäglichen Leben der Bewohner im alten Offenbach.

Hans-Georg Ruppel
Offenbach
Bewegte Zeiten - Die 50er Jahre
72 Seiten, geb., ca. 80 SW-Fotos, ISBN 3-86134-265-0
Die 50er Jahre - bei vielen Menschen ist die Erinnerung an diese temporeiche, ungewöhnliche Zeit noch lebendig. Die beeindruckenden Fotografien zeigen den Alltag der Offenbacher, ihre Freuden und Sorgen, und berichten von den Ereignissen und Höhepunkten dieses Jahrzehnts.

Erhältlich überall im Buchhandel oder direkt beim Verlag
Wartberg Verlag GmbH
34281 Gudensberg-Gleichen, Im Wiesental 1, Tel.: (05603) 4451 und 2030